AF240237

# PÉTITION



## A M. LE MAIRE & MM. LES MEMBRES DU CONSEIL MUNICIPAL DE CUSSET

PAR

## Jean PALLETON & Marie BILHAUD

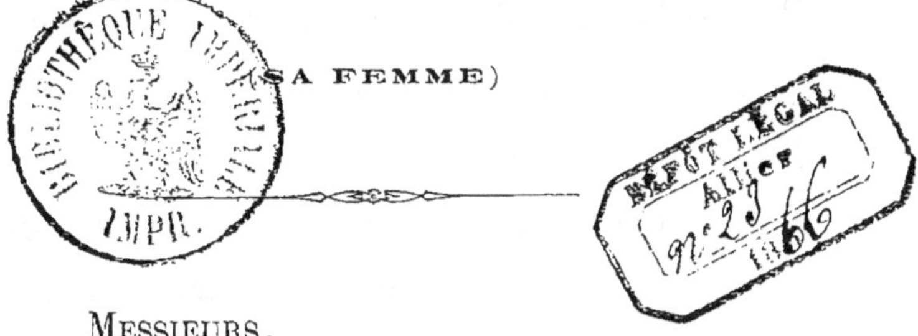

(SA FEMME)

Messieurs,

Nous sommes propriétaires d'une maison, jardin et dépendances, hors de la ville, sur la rive droite du Jolan, près du pont sur lequel passe le chemin de grande communication allant à St-Germain-des-Fossés.

Cette propriété nous appartient très-légitimement ; nous l'avons acquise, par acte notarié, des héritiers Thierry qui, eux-mêmes, la tenaient des héritiers de M. Bouquet, ancien maire de Cusset. L'acte de vente passé en l'étude de M⁰ Pouillien, notaire, le 30 septem-

bre 1838, nous donne les limites suivantes : « de jour le
« chemin de Cusset à Champcourt, de midi et de nuit,
« le ruisseau de Jolan , le chemin de Notre-Dame-des-
« Prés à Jolan-Brûlé entre-deux. » Il est ensuite expli-
qué que, dans les objets vendus est comprise « la petite
« parcelle de terre plantée en frênes qui se trouve entre
« le ruisseau du Jolan et le chemin de Notre-Dame-des-
« Prés. » Le tout plus clairement figuré dans le plan
déposé chez le notaire et dont nous vous produisons un
extrait.

Nous avons toujours joui tranquillement de notre
petite propriété jusqu'en 1864, époque où les entrepreneurs chargés de la construction d'un nouveau pont,
sans se préoccuper de nos réclamations, dont ils n'ont
fait que rire, ont envahi notre pacage, enseveli sous
leur remblai et détruit la haie de notre jardin d'où les
arbres mêmes ont disparu.

Nous sommes des gens paisibles, craignant et res-
pectant l'autorité ; nous savons qu'on ne gagne rien de
bon à entrer en lutte avec ses agens ; mais il est dur de
se voir traiter avec un pareil sans-gêne. Aussi quand
nous avons vu que les ouvriers continuaient à se mo-
quer de nos plaintes et faisaient leurs remblais qui me-

naçaient d'enterrer notre maison et le reste, nous nous sommes permis de nous adresser poliment, comme nous le devions, à l'autorité municipale qui a bien voulu s'occuper de nous.

Le 12 juillet 1864, M. le Maire est venu en personne se rendre compte de l'état des choses. Il nous a entendus jusqu'au bout avec une grande bienveillance; il a poussé l'obligeance jusqu'à nous demander des explications sur nos titres de propriété, explications que nous nous sommes empressés de lui donner. Il s'est retiré ensuite convaincu ou le paraissant du moins, de l'importance du dommage et de la valeur de nos titres. Il y avait de quoi nous rassurer : M. le Maire avait vu, il s'était éclairé; il allait nous faire rendre justice. Notre illusion ne devait pas durer. Le lendemain 12 juillet, M. le Maire nous faisait signifier un procès-verbal *rédigé par lui*, dans lequel il nous accusait d'avoir usurpé le sol du chemin de Champcourt et du chemin de Notre-Dame-des-Prés ; le tout accompagné de l'injonction de restituer le terrain usurpé, et d'une assignation devant le Conseil de Préfecture.

Ainsi voilà les rôles intervertis: nous nous plaignions de ce qu'on vint nous troubler chez nous et M. le Maire nous poursuit comme usurpateurs des chemins de la commune. C'était à n'y rien comprendre et nous commencions à désespérer, quand on nous expliqua que le procès-verbal de M. le Maire ne changeait rien à nos droits ; qu'il n'y avait là qu'un procédé habile pour transporter le débat devant la justice administrative et nous obliger d'aller plaider à Moulins devant le Conseil de Préfecture qui nous jugerait sur les rapports des agens de l'administration.

A quoi bon ces habiletés et pourquoi vous en effrayer? nous disent MM. Remy et Villard, nos conseils. Si les tribunaux administratifs ont pour mission de déterminer l'assiette des chemins et de réprimer ce qu'il considèrent comme des usurpations, les questions de propriétés appartiennent exclusivement aux tribunaux civils ; citez donc M. le Maire au possessoire devant M. le Juge de Paix.

Nous suivons ce conseil, de sorte que sans le vouloir nous nous trouvons engagés dans deux procès, l'un devant M. le Juge de Paix, l'autre devant le Conseil de Préfecture.

M. le Juge de Paix, malgré l'opposition de M. le Maire

qui prétendait n'avoir pas à répondre des voies de fait des entrepreneurs du pont, retient la connaissance de l'affaire qu'il remet à deux mois pour que M. le Préfet interprète son arrêté de classement. (Jugement du 26 septembre).

Au Conseil de Préfecture, il est décidé d'emblée que nous n'avons commis aucune anticipation sur le chemin de Notre-Dame-des-Prés ; mais il est jugé que le plan cadastral de 1812 sera appliqué au tracé du chemin de Champcourt qui doit être rétabli dans sa largeur.

Nous ne savons si M. le Préfet s'est livré à l'interprétation demandée par M. le Juge de Paix ; on ne nous a rien fait connaître à ce sujet.

Tel est l'état des choses aujourd'hui. Il n'a rien d'inquiétant pour nous, prétendent nos conseils : quelle que soit la décision des juges administratifs, il est constant que nous avons acheté le terrain qu'on nous conteste, que nous en avons toujours joui et qu'enfin nous en sommes les vrais propriétaires. Notre possession sera admise par M. le Juge de Paix ; mais si M. le Maire persiste à nous traiter d'usurpateurs, un procès devant le tribunal deviendra nécessaire et à ce procès nous appelerons les héritiers de M. Bouquet qui nous doivent garantir.

Ce procès jugé, tout ne sera pas terminé. Le Jury d'expropriation devra être convoqué pour fixer la valeur du terrain qu'on nous a enlevé; enfin, le dommage causé à notre propriété par les travaux eux-mêmes ne peut-être évalué, dit-on, que par le Conseil de Préfecture.

Que de tracas, que de procès pour une question aussi simple ! MM. Remy et Villard mes conseils ne s'en effraient pas, nous le concevons, c'est leur affaire ; mais nous, dont le métier n'est pas de plaider, nous nous demandons si tout cela ne pourrait pas se terminer d'une manière plus simple.

Si par exemple c'était un de nos voisins qui nous causât ce dommage, nous lui dirions : prenons un expert et réglons à l'amiable l'indemnité que vous me devez. Tout le monde nous approuverait et blâmerait le voisin s'il n'acceptait pas une proposition aussi raisonnable. Une ville, nous le savons, n'est pas un adversaire comme les autres, mais ce qui est juste pour nous doit l'être pour elle, car il n'y a ni deux morales ni deux justices. Payer le tort qu'on cause est un devoir pour les administrations comme pour les particuliers. Ces idées sont les vôtres, Messieurs, nous le savons ; aussi nous venons tout franchement vous dire : il n'est pas besoin de procès entre honnêtes gens, choisissez dans votre sein une commission que vous chargerez d'examiner nos titres et de constater le préjudice qui nous est causé. Il nous sera facile de nous entendre, car nous ne voulons que ce qui est juste et tout se réglera à l'amiable. Si cette tentative d'arrangement réussit, vous nous aurez rendu un grand service ; si des circonstances imprévues l'empêchaient d'aboutir, nous ne vous en serions pas moins reconnaisants. Il sera toujours temps de reprendre et de continuer ces procès que nous n'aimons guère, mais dont nous n'avons aucune raison de redouter les conséquences.

Dans l'espoir que cet appel à votre loyauté sera compris par vous, nous avons l'honneur d'être, Messieurs, vos très-humbles serviteurs.

**PALLETON & F<sup>me</sup> PALLETON.**

Cusset. — Imp. de M<sup>me</sup> Jourdain.

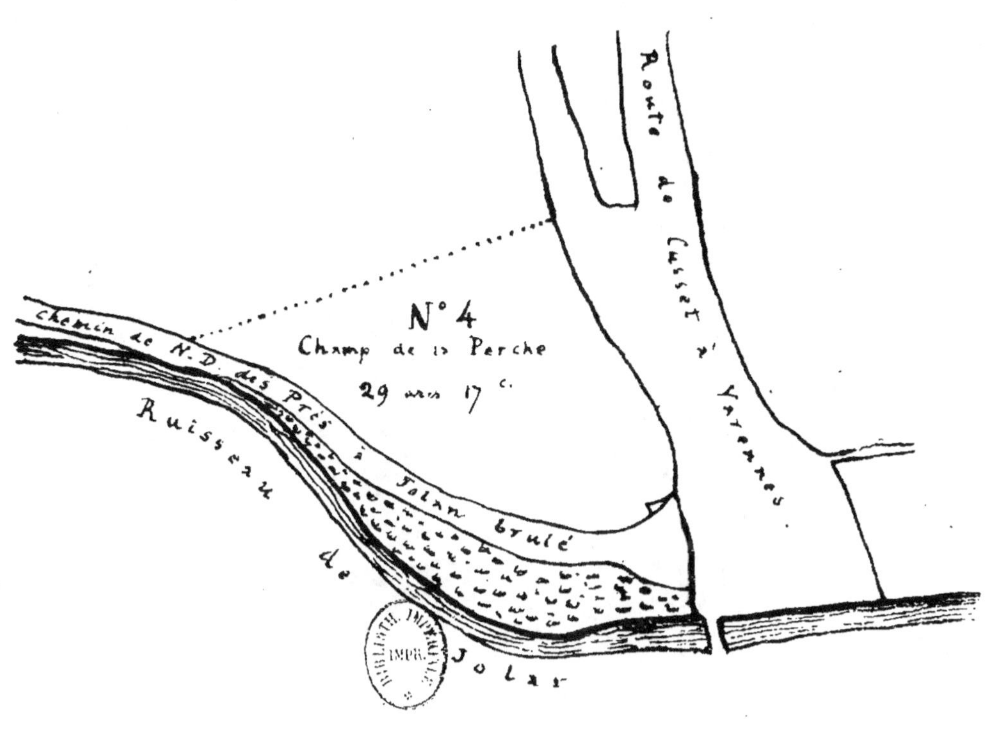


Extrait du plan annexé à

l'acte de vente du 31 août 1838.

www.ingramcontent.com/pod-product-compliance
Lightning Source LLC
LaVergne TN
LVHW010305060726
842527LV00007B/2882